ASSOCIAZIONE DELLA STAMPA PERIODICA IN ITAL

COMMEMORAZIONE
DI
MEDORO SAVINI

DETTA

DA GIOVANNI FALDELLA

NELL'INAUGURARNE IL BUSTO

ALL'ASSOCIAZIONE DELLA STAMPA PERIODICA

IN ROMA

ADDÌ 24 GIUGNO 1894

ROMA
TIPOGRAFIA V. BICCHERI
1894

In the interest of creating a more extensive selection of rare historical book reprints, we have chosen to reproduce this title even though it may possibly have occasional imperfections such as missing and blurred pages, missing text, poor pictures, markings, dark backgrounds and other reproduction issues beyond our control. Because this work is culturally important, we have made it available as a part of our commitment to protecting, preserving and promoting the world's literature. Thank you for your understanding.

Il giorno 24 giugno 1894 l'Associazione della Stampa ha inaugurato un busto in bronzo di Medoro Savini, offerto all'Associazione da un Comitato di sottoscrittori.

Alla cerimonia assistevano; il vice-presidente dell'Associazione on. Torraca, S. E. il ministro Maggiorino Ferraris, il sig. assessore comm. Ercole Ranzi, rappresentante il Municipio di Roma, l'on. comm. prof. Giovanni Mestica, rappresentante il Municipio di Tolentino, l'on. Costa march. Alessandro rappresentante il Municipio di Macerata, il sig. ing. Anselmo Ciappi rappresentante la Società dei muratori di Tolentino, il sig. dott. Luigi Francesconi rappresentante la Società operaia maschile di mutuo soccorso in Tolentino, numerosi Senatori e Deputati, distinte signore, pubblicisti, letterati, artisti, amici ed estimatori dell'illustre defunto.

Presenziavano pure la cerimonia il sig. T. Colonnello Gaetano Savini, fratello di Medoro, la signora Carlotta Nencini vedova di lui, il figlio sig. Oscar ed altri congiunti, non che l'autore del busto, lo scultore prof. Filippo Giulianotti di Genova.

Dopo scoperto il busto l'on. Torraca comunicava un telegramma di S. E. l'on. Crispi alla famiglia di Medoro Savini, ed altro del fratello Abele, che impossibilitato ad assistere alla mesta commemorazione, ringraziava del cortese invito i promotori delle onoranze al dilettissimo suo fratello; quindi l'on. Torraca con acconcie parole presentava all'Assemblea l'on. Giovanni Faldella, incaricato dal Consiglio direttivo di fare la commemorazione del Savini.

L'on. Faldella leggeva la seguente commemorazione che, per deliberazione unanime dell'Assemblea, veniva data alla pubblica stampa.

Prendendo la parola dall'esimio e gentile Vice-Presidente e per intonarmi subito al nobile soggetto politico e romantico, vi dirò, signore e signori, colleghi ed amici, che nel guardare dentro la storia viva del giornalismo, mi si affacciano le ore contemplative trascorse in riva al mare, in riva al mare che rispecchia mobilmente il cielo. La fantasia di Giuseppe Revere nelle sue *Marine* ha potuto seguire e narrare la storia di un'onda; ma i nostri occhi non possono precisarne nè ultimarne graficamente le vicende. Sempre si starebbe in un dolce meditare contemplando quella monotona varietà. Si incalzano, l'una succede all'altra, apparendo le stesse e diverse. Si avanzano a montagnole, si avvallano, si inerpicano e si diroccano quali muraglie, si prolungano, si increstano, e si arruffano, ora così dette pecorelle, ora serpentelli, belando, fischiando, mormorando, mugghiando e flagellando secondo la clemenza o la rabbia del Cielo, e' terminano allargandosi sull'amica sponda in un bacio di spuma bianca, in un contorno di trina che tosto si ritira. Ed a volerne rifare la veduta dalla riva all'alto mare, lo sguardo spazia e si perde in un'infinità di pieghe scorrenti e luminose, finchè arriva, dove l'onda si confonde col Cielo svanendo in un brillo, in un tremolio di luce. Così sparisce su per giù la vita agitata dei giornalisti: in un bacio di spuma bianca sulla terra, in una linea sottile e scintillante nel Cielo. Ma come l'agitazione ondosa del mare preserva la grande massa delle acque dalla putredine, così il moto incessante del giornalismo speriamo almeno salvi la vita pubblica da maggiore corruzione. Ad ogni modo, perchè questa condanna, o voluttà dinamica va liquidando quotidianamente l'ingegno nè mai gli consente di rapprendersi nelle forme d'arte chiamate perenni, ben venuto l'artefice, che consolida i fantasmi nel bronzo o nel marmo, a perennare il nome e l'immagine di un valoroso giornalista!

Da qui a cent'anni i nostri colleghi di un'altra fine di secolo, il quale chi sa quanti altri rivoltoloni avrà prodotto nel mondo! raccogliendosi a discutere i loro diritti ed interessi, a svolgere fogli, a ventilare e spremere notizie, a consultare la biblioteca che noi avremo loro lasciata, volgeranno di quando in quando lo sguardo all'arco luminoso di questa fronte ardita e geniale, e immagineranno lo sfavillar di idee che corsero sotto il cranio rappresentato da questa fronte, e più ricorderanno il bel cuore consunto, che corrispondeva alla buona testa affranta dall'assidua concitazione del suo fosforo; e forse troveranno belli questi tempi, che a noi paiono così brutti, questi tempi, in cui si fecero le prime armi della penna e della parola in Roma ridonata all'Italia ed alla libertà del pensiero umano; e benediranno specialmente la memoria di quelli, che al pari di Medoro Savini, contribuirono eziandio alla liberazione mediante le loro gloriose avventure e sventure di spada e di carabina.

Intanto, poichè alla consacrazione di un'immagine destinata a prendere possesso quale *genius loci*, il rito vuole che si accompagni un fugace discorso, io mi arresi ad assumerne l'incarico, pur avendo la convinzione di non meritare i complimenti direttimi dalla cortesia dell'onorevole vice-presidente Torraca, eppur avendo desiderato che esso incarico si aggiudicasse ad altri più vicino d'anni, d'arte, d'armi, di scuola e di vita alla onorata figura.

Ma anch'io deputato, sebbene della oscura democrazia rurale, anch'io giornalista e romanziere, sebbene minimo, sentii che non potevo ricusare l'onorevole ufficio, e mi accinsi ad adempirlo, come un dovere letterario, civile e fraterno, mettendo specialmente a contributo la mia schiettezza campagnuola; per cui non caricherò le tinte, non cambierò la commemorazione in panegirico, e vi dirò alla bella prima che Medoro Savini, secondo me, per usare la nomenclatura della critica pittorica, è una simpatica figura di piano ulteriore nel grande quadro del risorgimento nazionale; ed aggiungerò genuinamente, che quanto parve di mancato nella sua nobile esistenza fu perchè egli nacque in un secondo ed agì in un quarto o quinto periodo storico con le attitudini e le virtù speciali del primo.

***

Mi spiego. Se noi assembriamo dentro una sola cornice i santi padri, i martiri, i militi, i confessori, gli apostoli della redenzione nazionale e i loro eventi, noi troviamo grandeggiare anzitutto la schiera di coloro, che in quattro gatti osarono intimare o congiurare guerra all'Europa ristorata e fortificata dalle baionette e dalla diplomazia nell'impiantito della Santa Alleanza, troviamo anzitutto le teste calde e i cuori generosi che vollero mettere in pratica i versi del gobbetto Leopardi:

> ..... L'armi, qua l'armi: io solo
> Combatterò, procomberò sol io.
> Dammi, o Ciel, che sia foco
> Agli italici petti il sangue mio.

Visto, che con le insurrezioni e con le congiure gli illuminati quanto a forza materiale riuscivano molto al disotto delle potenze organizzate, fossero pure cieche e brutali, e si approdava soltanto a disfatte e sacrifizii sanguinosi, — si pensò che si poteva utilmente combattere la forza con la ragione, cioè sottraendo alla forza materiale l'opinione pubblica. Perciò nel gran quadro al primo piano occupato dagli eroi delle congiure e delle insurrezioni, succede il secondo piano dei maestri di letteratura politica; e questa tanto più efficace, quanto più abbandonando le forme clandestine e pericolose assurse a un cielo così elevato, da cui poteva spaziosamente persuadere e commuovere la maggiore parte. Se ne videro gli effetti nel moto del 1848, terzo periodo storico, terzo piano pittorico, in cui tutti gli elementi sovreccitati produssero la risurrezione italiana, dapprima magnificamente musicale, poi terminata in un tragico trambusto.

Rimase il perno costituzionale degli Stati Sardi, quarto piano e periodo, da cui mosse la leva della Italia presente.

I piani del quadro, ossiano i periodi storici da me accennati non sono così spiccati fra loro che non c'entri un po' dell'uno nell'altro, ma io li ho denominati dalle parti rispettivamente predominanti.

Or bene il nostro Medoro Savini nacque con un cuore insurrezionale e con un cranio da congiurato apostolico il 21 settembre 1836 a Piacenza tra il periodo delle insurrezioni e delle congiure e quello della letteratura politica.

Suo padre, l'avvocato Giovanni Battista era della nobiltà togata, allievo del Romagnosi e collaboratore in leggi di quel grande pensatore e giureconsulto aveva ricevuto lo spirito della sapienza liberale, che soffiava da quell'ala potente d'ingegno, di cui il Giusti nell'apoteosi lauta dei cantanti piangeva la miseria famelica seguita allo scampo dei piombi di Venezia.

Il conte Galeazzo Calciati ricordava in Parlamento una gita patriottica di suo padre col padre Savini da Piacenza a Vienna nel doloroso 1849.

La madre, Rosa Gioazzini, diciottenne, troncava il sorriso della propria giovinezza su questa terra nel dare Medoro alla luce.

Passato il padre a seconde nozze, lasciava una nidiata di fratellini e sorelline a Medoro, ritirandosi vegeto ancor esso dalle scene di questa vita il 5 gennaio 1852.

E Medoro, a 15 anni, trovossi alla testa di una tribù di fratelli minori, Abele, Augusto, Gaetano, Saulle, Amina ed Annetta. Ma per maggiore sorella egli, seguendo ardentemente le tradizioni paterne, prediligeva la patria.

Su quella gracile e focosa fanciullezza erasi librata l'impresa dei Fratelli Bandiera, era trascorsa la letteratura sollevatrice e conciliatrice, erano scomparse le quarantottate, e imprimevansi le gloriose sciagure e cadute di Novara, Venezia e Roma del 1849.

Nel precedente sorriso di aurora patriottica la sua Piacenza si era unita cordialmente al Piemonte; e fu nella discussione di siffatta prima unione quarantottesca che nel Parlamento subalpino Giovanni Ruffini il principale mazziniano della *Giovane Italia* e della spedizione di Savoia, vicino a diventare ambasciatore del Re Sardo, e, che è più, romanziere cavourriano, addì 27 giugno 1848 dichiarava pel primo Roma Capitale d'Italia.

Piacenza era stata divelta dall'abbraccio teso al Piemonte; e chi più di tutti aveva promosso il patriottico connubio, il professore Buccella, dopo aver sacrificato all'amor patrio la sua cattedra di matematica all'Ateneo Piacentino, perdeva pure la vita nel principio del 1852.

Così Medoro Savini, mentre piangeva amaramente il proprio padre, doveva pur piangere coi compagni di scuola un padre della patria piacentina nell'amore d'Italia. I funerali del professore Buccella furono per gli studenti l'occasione di un'ardita dimostrazione. Stacco alcuni ritagli dal quadro commemorativo fattone dal diligente e pur compianto nostro collega Guglielmo Lunghini.

Gli studenti, indarno trattenuti, vollero trasportare il feretro sulle loro spalle dalla casa alla Chiesa di San Michele; saturi di fremiti compressi essi transitavano in una cerchia di poliziotti ducali. Appena deposto il feretro in mezzo alla Chiesa, comparve sopra esso come un arco-baleno una ghirlanda tricolore, e ad un tempo un giovane smilzo, pallido, il nostro Medoro, balzato sopra una panca, cominciava: " Compagni! Qui dinnanzi alla salma del professore patriota... „ Le branche di un poliziotto gli mozzarono il discorso nella gola. La sbirraglia trascinava lui e i compagni nelle prigioni di Carlo III; e un giudizio sommario non tardava a condannarlo a dodici anni di lavori forzati.

Rimaneva al nostro eroe quindicenne uno zio, l'avv. Savino Savini, molto reputato anche in Corte; questi gli ottenne la grazia sovrana, che il nostro Medoro con la fraterna abnegazione del Medoro ariostesco rifiutava, se non venisse estesa ai compagni.

Allora gli innocenti galeotti vennero destinati per otto anni al plotone di correzione, e la loro traduzione nella cittadella di Parma veniva eseguita dai gendarmi, verso l'ora della ritirata, la sera del 14 aprile 1852, come si rileva dall'ordine del colonnello Godi, il quale lasciava solo sperare il loro passaggio dalla seconda alla prima classe e poi alla Ducale Brigata, quando dessero *prove non dubbie di sincero ravvedimento*. Intanto dovevano essere intercettati essi e le loro lettere, poi adoperati in micidiali lavori nel fiume Parma, tanto che alcuni soccombettero.

Medoro ed altri agili compagni, come un volo di rondini, scamparono in Piemonte, dove poterono incolumi far tanto di naso alla nuova condanna soffiata contro loro per diserzione.

* * *

Il Piemonte allora rappresentava quello che abbiamo chiamato il perno delle speranze italiane nella libertà costituzionale: e fu a buon diritto, che dal Parlamento Subalpino si numerassero le legislature nazionali.

In quell'areopago piccolo, ma storicamente ed artisticamente bello, Terenzio Mamiani, altro cigno di

Pesaro, faceva risonare la sua musa di eleganza virgiliana; Luigi Carlo Farini con la sua eloquenza classica era il principale nerbo della politica cavourriana; Cesare Correnti dal suo viluppo di frasi fermentose sprigionava il cormentalismo lombardo; Sebastiano Tecchio con la sua voce ed il suo aspetto dogale ripeteva un'eco gloriosa del Senato Veneto; queste voci fraterne anche nelle dissonanze con il torrente tribunizio di Angelo Brofferio e con la nota canforata dell'antico ministro assolutista Solaro della Margarita, (*tabulatum Margaritæ,* come sotto la cocolla di Fra Galdino lo traduceva Desiderato Chiaves nel *Fischietto*) armonizzavano per concertare questo grande finale, che esisteva invero finalmente uno Stato italiano, un'eloquenza italiana, promessa di *rinnovamento italiano*. Nel Senato Sardo, comechè cosparso di code legittimiste e di mitrie episcopali, si gridava rotondamente dal senatore Musio, in proposito del trattato di Parigi, la piena libertà, la piena unità d'Italia. Torino, vivida, densa e chiara per i più bei nomi e per le più belle figure d'*emigrati* politici, era detta la *Mecca* e si considerava la Gerusalemme d'Italia.

Ma tutto ciò non bastava agli spiriti più ardimentosi e bollenti. Carlo Pisacane, pulsando con Giovanni Nicotera la spedizione di Sapri, giudicava pastorellerie arcadiche, ninne nanne, le orazioni filosoficamente e poeticamente marziali di Terenzio Mamiani.

E il Governo Sardo, pure gloriandosi e vantaggiandosi degli emigrati più assimilabili, qualche volta temeva, che i più precipitosi gli rompessero le uova nel paniere, e più o meno gentilmente faceva loro capire che gli levassero l'incomodo.

Fra i simpatici birichini del patriottismo si distinse Medoro Savini. Si era iscritto studente di leggi all'Università di Torino, ma più che a studiare il diritto canonico, fosse pure liberalesco, di Nepomuceno Nuitz, egli era fatto per isbattere e far montare il diritto popolare nei giornali più avanzati. Ed eccolo sbarbatello fondatore e direttore della sbrigliata *Avanguardia* e della rumorosa *Libertà*, giornali nati-soppressi, con un po' di confine ad Oneglia per lo scapigliato autore.

La lotta fra Medoro Savini e il Governo Sardo mi ricorda quella fra la mosca e Tobia, raccontata prima dal Pananti in versi, e poi dal Giusti in prosa nella sua *Ricetta contra le persone moleste*.

Il Governo Sardo, che non era poi quel pacione di Tobia, anzi era inteso a preparare per la redenzione italiana una guerra ben organizzata, senza guastamestieri, allorchè raffigurava dei guastamestieri in buona fede, ma incorreggibili, adoperava un po' come il signor Tobia, il quale vedendo come persistevano, nonostante il suo sventolio, gli assalti della mosca divenuta veemente come una locomotiva, la pigliò delicatamente, e fatta aprire una finestra, le disse bonariamente: Madonna, il mondo è largo, possiamo starci tutti e due senza romperci la tasca.

Non voglio giurare, che fra la mosca e Tobia, ovvero fra il Governo Sardo e i sospetti o pretesi guastamestieri, non siano corsi malintesi ed anche errori madornali.

Anzi io, studiando con fervida ed imparziale ammirazione tutti i coefficienti del risorgimento italiano, mi sono persuaso, che spesso spiriti assimilabilissimi si sono dissociati per casi materiali, vicende esteriori, e anche per intenzioni fraintese ed amori non corrisposti. Ad esempio niuno mi leva dal capo che Aurelio Saffi sarebbe stato per la sua tempera un ingegno più affine a quello di Cavour che all'ingegno di Mazzini, come lo rivela d'altronde una lettera pubblicata nei *Ricordi* del Minghetti.

Ma come il Minghetti entrò nell'orbita costituzionale di Cavour, il Saffi entrava nella fornace ardente di Mazzini; e quindi, quanto a lui, buona notte per Cavour!

Per servirmi di un altro paragone, somministratomi dalla fisica terrestre, erano come fiumi derivati dalla stessa sorgente e che pigliato l'ambulo per diversi versanti, si coloravano attraversando terre diverse, riflettevano diversi cieli, e mettevano foce in mari diversi.

Così il Ticino, il Rodano ed il Reno scaturiscono dallo stesso padre San Gottardo e l'uno versandosi nel Po si serba italiano fino all'Adriatico, l'altro si insvizzera e poi si infranciosa fino al Mediterraneo, e il terzo si intedesca fino al Baltico.

Ma, rientrando nella storia meramente nazionale, mi affretto a dichiarare, che per la meccanica celeste riuscitissima del nostro risorgimento tutto fu utile; nulla venne sgarrato o sciupato; pioventi e spartiacque, stimoli e controstimoli, monellate e ponderazioni, errori generosi e lucidità fenomenali; e non ci voleva meno giudizio, nè più sventatezza per guidare, moderare e rianimare il fuoco sacro.

Medoro Savini giovinetto è un molinello, un ventivolvolo, che va naturalmente a soffiare nella fornace di Mazzini.

Grandiosa questa fornace vulcanica, che esplodeva preziosi lapilli destinati a formare orbite, se non mondi diversi, e che aveva continuamente uopo di attrarre giovani elementi per alimentare ed effondere la sua fiamma!

Il Mazzini confessa mestamente nel 1° volume dei suoi scritti, da lui stesso commentati (pag. 16 e 17), che del primo nucleo repubblicano, da lui raccolto, nessuno, eccettuato Federico Campanella, era rimasto a combattere per l'antico programma. Infatti della sacra pleiade che formò o coadiuvò la *Giovane Italia*, quanti fulcri, quante costellazioni per il regno costituzionale! I principali personaggi ausiliari del *Lorenzo Benoni* (il principe d'Urbino e Alfredo) che sono il marchese Imperiali e l'avv. Federico Rosazza, entrarono nel Senato; l'autore stesso dei romanzi di nostra storia patriottica, Giovanni Ruffini, già lo vedemmo ambasciatore di re Carlo Alberto a Parigi; l'omonimo Giambattista Ruffini finì primo comandante della R. Scuola di Fanteria a Modena; Berchet finì deputato moderato nel parlamento subalpino; Melegari ebbe il portafoglio degli esteri nel primo ministero di sinistra a Roma, e Gallenga divenne giornalista liberale monarchico di pretta costituzionalità inglese; Giacomo Medici, di cui Mazzini nel 1848, semplice soldato, portava sulle spalle la bandiera inastata al fucile, diverrà primo aiutante di campo di Vittorio Emanuele; altri astri ed asteroidi si staccheranno dalla fornace di Mazzini: Emilio Visconti-Venosta, Daniele Manin, Sirtori, Garibaldi, La Farina, Crispi, Nicotera, ecc.

E la fornace eterna come il sole, attrae di continuo giovani elementi, onde si rinfocola per rinfocolare. Anche Medoro Savini con la prestezza incolume di Daniele passeggiò dentro la fornace di Mazzini. Quando era confinato ad Oneglia, pubblicò un altro giornale bulicante, l'*Eva Redenta*, in proposito di cui e di più altro, oh! fosse ancor vivo il mio buon amico senatore

Guala! Egli potrebbe contarcene, con la sua lieve fragranza e genuina amenità, gli episodi, essendo egli pure stato collaboratore di quel periodico annunziato come *scritto da sole donne*. *Eva Redenta* procacciava a Medoro Savini un nuovo internamento a Pompeiana nella Riviera ligure.

Ma egli sconfinava sempre. Il Governo Piemontese, a cui rompevano oràmai la devozione quelle *Vanguardie,* quelle *Libertà,* quelle *Eve Redente,* che si maritavano molto morganaticamente al *Satana* e al *Goffredo Mameli* di Tommaso Villa, non si contentava più di confinare Medoro Savini nei suoi Stati, ma gli indicava addirittura l'uscio, ingiungendogli di andare a prendere aria altrove; massime dopo che Medoro si era fatto arrestare a Mortara addirittura con predicozzi rivoluzionari in bocca.

Ed eccolo oltremonti ed oltremare entrar difilato nella fucina di Mazzini a Londra.

L'*Eva Redenta* si riduceva nell'opuscolo *Les Mémoires d'une fille,* a cui il profeta stesso azzeccava la prefazione. Se dobbiamo credere al Lunghini " l'opuscolo levò gran rumore, e vi fu nella stampa parigina, chi lo attribuì a Eugenio Sue, chi al Dumas figlio, e chi al grande Victor Hugo, allora proscritto a Jersey. „

Ma la più interessante Eva da redimere era l'Italia. Felice Orsini ne dava un avvertimento un po' fragoroso all'alleato Napoleone III. Allora eziandio il nostro Medoro si trovava nella capitale francese e insieme con gli altri esuli italiani veniva cercato ed interrogato dalla polizia, a cui egli rispondeva che non aveva conosciuto Felice Orsini, ma pur condannandone l'attentato, lo ammirava.

Quell'ammiratore, incomodo tanto al Governo

Sardo quanto al Napoleonico, veniva allontanato pure dalla Francia, e rimandato a Londra, dove Mazzini gli affidava un incarico dei più gelosi e pericolosi, ciò era addirittura di portare armi ed istruzioni incendiarie in Italia.

Lo attenderebbe sulla sponda del Lago Maggiore, a Belgirate, Benedetto Cairoli, un altro patriota mazziniano, destinato a divenire primo ministro e salvatore di Re Umberto e fra i più italiani cavalieri di Savoia.

Medoro sottile e duttile, come un'ombra, attraversa la Svizzera, fa capolino al Lago Maggiore, dove lo accolgono le schioppettate; egli come un fantasma dei suoi futuri romanzi guizza incolume fra le schioppettate, e sbarca fra le braccia di Benedetto, il quale ha appena tempo di stringerlo al caldo seno, chè già gli ha insellato un cavallo, perchè divorando la via l'amico Medoro vada a ripararsi in qualche angolo del Piemonte.

Il Governo Sardo, trovatoselo di nuovo fra i piedi, perde addirittura la pazienza, e stavolta dice: - poichè non vuoi farla finita di fare il cattivo, ti rimetterò in bocca all'Orco. - Cioè ordina la sua traduzione al confine parmense, quanto dire: vatti a far fucilare.

Per fortuna la crudeltà dell'ordine venne molto mitigata nell'esecuzione affidata al maresciallo dei carabinieri Bonavino.

Si sa che il carabiniere è un soldato diplomatico capace di dire alla statua semovente del *Sor Ancioda*: " *la terrem d'cucc* „ e all'occorrenza: " *i savouma serè un'eui e magara doui.* „ Tale fu il trattato fra il maresciallo Bonavino e Medoro Savini: " la mia con-
" segna è che Ella passi il confine; se poi riuscirà
" a ripassarlo un poco più in là, io non sono obbligato

" a saperlo. „ Difatti Medoro Savini, per così dire, non era ancora di là, che già si ritrovava di qua, riportato da un generoso cavallo della marchesa Landi, cavallo che andava come il vento.

Riavutolo sulle braccia, il Governo sardo sbuffò più di Tobia. Si inaugurava allora il 59, l'anno giuridico, in cui doveva farsi l'Italia autentica e bollata, con una guerra regolare, con le annessioni pacifiche, con l'alleanza vittoriosa, e poi con il non intervento napoleonico. Questo della sublime politica cavourriana era un congegno di precisione patriottica, così delicato che si temeva potesse comprometterne il rotismo anche col ronzìo seccante di un moscerino; quindi il Governo sardo finì per cantare a Medoro Savini: - ad Oneglia e a Pompeiana non vuoi stare quieto, da Parigi e da Londra ci ritorni in edizione accresciuta, e dal tuo ducato rimbalzi come una palla elastica; per lo meglio di tutti, ti faremo fare un viaggio di lungo corso e ti regaleremo all'América del Nord.

* *

Riacciuffato proprio al 1° gennaio 1859, veniva imbarcato a Genova sull'*Authion* per gli Stati Uniti d'America. Salpando a bordo di questa nave sarda, egli dovette sbirciare qualche bastimento degli Stati Uniti e provare l'emozione che attribuì poi a Giorgio Lerviani, protagonista del *Giglio Nero*: " La campana diede il segnale della partenza. La sublime bandiera delle stelle sventolò all'aura in segno di saluto. Il vessillo della libera America faceva scintillare i suoi colori al raggio di sole italiano, come augurio e promessa ad un popolo, che voleva pure essere libero. „ (1)

---

(1) MEDORO SAVINI, *Giglio Nero*, romanzo, 2ª edizione, Firenze, tip. Successori Le Monnier, vol. I, pag. 154-155.

Esule in America, mentre la patria italiana combatteva per la libertà e l'unità nazionale, egli, che in esile corpo aveva un'anima d'acciaio e un vampo da cannone, dovette certo sentire profondamente la nostalgia delle patrie battaglie. Ma se ne rimpattò egregiamente. Non potendo combattere per la patria, egli combattè per l'umanità.

Curiosi riscontri della storia! Come l'indipendenza politica dell'America confina storicamente con la rivoluzione francese, così la redenzione dei negri nella stessa America del Nord si riattacca cronologicamente alla costituzione dell'Italia libera ed unita, battiti di santa elettricità che attraversano gli emisferi e si corrispondono agli antipodi! E come della loro rivendicazione in autonomia politica gli Stati Uniti d'America ebbero lo storico più classico nell'italiano Carlo Botta, a cui risale la più alta tradizione dei nostri pubblicisti odierni, che continuarono e fors'anche superarono il Toqueville; così questi stati nella loro guerra di secessione, che condusse all'affrancamento degli schiavi ed alla maggiore floridezza della Federazione, ebbero l'adiutorio di soldati ed apostoli italiani, projezione transatlantica della nostra storia e della nostra persecuzione patriottica. Basti citare il conte Luigi Palma di Cesnola nipote di Alerino e Medoro Savini.

Sarebbe troppo da desiderare che Medoro avesse scritto le sue impressioni di quelle campagne di novissima epopea, se non le avesse rifuse nel suo romanzo del *Giglio Nero*. Possiamo rapidamente figurarcelo quel soldatello apostolico dagli occhi cocenti sotto l'arco della fronte febbrile, a cui la carabina è arma e bandiera come al Mazzini del quarantotto, marciare vibrato sul nuovo continente, che più giù era stato illustrato dall'epico battagliero Avezzana, fondatore di città, e ancor più in giù era stato irradiato dall'aurora vittoriosa del più epico Garibaldi.

Onore perenne a quei nostri cavalieri erranti della patria e della libertà! Gridiam loro onore perenne in questo giorno anniversario di una vittoria per l'indipendenza italiana!

Medoro Savini combattè valorosamente a Warren Railvay, Bridge, a Cleveland, a Richmond ed Antietan, e la sua carabina bandiera diceva più e meglio del motto premesso dalla romanziera redentrice alla *Capanna dello Zio Tom*.

" L'amore dell'uomo è più forte dell'amore di patria „ *the love of man is higher than the love of country*, ci aveva detto Harriet Beecher Stowe inviandoci *Uncle Tom's cabin*. La bandiera carabina di Medoro Savini predicava: - l'amore di patria è il substrato, è la base, è l'impulso all'amore dell'umanità.

Difatti, egli appena terminata la ferma dei diciotto mesi che aveva contratta nell'esercito liberista americano, ritornava in Italia ancora a tempo per menare le mani contro gli eserciti schiavisti delle assise bianche o delle cotte nere.

Nel 1862 è a Torino, capitale d'Italia, tuttavia mozza di Venezia e Roma, redattore, poi condirettore del *Diritto* insieme con Civinini; frugolo di nuovo a Parigi e a Londra; fornito come i gatti del sopravvivolo da mortali malattie, eccolo nel 1866 a combattere prodemente nel Tirolo. Garibaldi lo nomina ufficiale sul campo di battaglia, dove busca una ferita al piede sinistro.

Nel 1867 Garibaldi lo elegge capitano per la campagna dell'Agro Romano. Sotto gli ordini del generale Acerbi a San Lorenzino nel Viterbese il nostro Medoro si avanza tanto, che riceve al ginocchio destro una baionettata dagli zuavi pontifici. Viene promosso maggiore di stato maggiore; e non vuole sentir parlar di medaglia dicendo di non aver fatto altro che il suo dovere.

Giustamente Garibaldi ebbe a dire di lui: — Col delicato sentire di una fanciulla, in Savini batte il cuore di un leone. — All'ardire e al sentimento egli accoppiava la bizzarria più umoristica. Si racconta che in un mortale duello, minacciando il Cielo alcuni goccioloni, egli esigette di battersi sotto il paracqua; non temeva la morte con la spada o la pistola in mano; lo noiava l'umido della pioggia, lo seccava uno sberleffe di sole.

Cuor di leone, delicatezza sentimentale di fanciulla e squisitezza eteroclita d'artista! Ecco il suo istradamento dalle battaglie campali e giornalistiche al romanzo.

**

Fra le espansioni quotidiane dell'articolo simile veramente alla fenice arabesca, perchè tutti i giorni nasce e muore, gli balenano le forme dell'arte più duratura, lo accarezzano i fantasmi estrosi, che lo avevano sollevato nei momenti più difficili della vita militare, umanitaria e patriottica.

Chi più di lui materiato di romanzo storico e sociale? Rivolta piacentina, scorribanda piemontese, il gioco a rimpiattino col Governo Sardo, l'eroicocomico trattato col maresciallo Bonavino, il lastricato di Parigi e quello di Londra, la fucina di Mazzini, i profumi della riviera ligure, i mercati di cereali e i congressi operai di Mortara, le sponde del lago Maggiore, e poi la traversata dell'Oceano, quell'epopea moderna

della negrezza redenta, e poi il Tirolo, Mentana....
e la vita nuova d'Italia sulla strada di Roma, che si
intrattiene a Firenze. In paragone di tale materia, oh!
come diventa piccina e per poco non direi indecente
quella, in cui si industria la leccheria dell'odierno
romanzismo decadente, o peggio, decaduto!

Mi vorrebbero troppo lunghe pagine per tratteggiarvi il momento di vita italiana in cui rifulse la meteora romanzesca di Medoro Savini, una vera *aurora boreale* come il titolo di uno dei suoi romanzi.

Ho promesso per questo studio schiettezza rurale e coscienza; perciò ho voluto ricercare i romanzi di lui, e interrogare, fra i miei più cari confratelli, due autentici ammiratori od impressionisti di quell'epoca letteraria.

I volumi di Medoro Savini oramai si trovano difficilmente, sono passati come cavalli di battaglia a logorarsi al frantoio; appena ne rimangono alcuni in vista stazzonati nelle librerie d'abbonamento alla lettura settimanale o mensile.

La biblioteca della Camera dei Deputati non ha neppure un opuscolo del suo compianto deputato romanziere; tanto egli non soddisfatto delle sue forme d'arte frettolose, era rifuggito dagli ostentati omaggi.

Sono debitore all'Associazione della Stampa, che mi ha procurato quattro fra i suoi volumi scelti ed elegantemente rilegati.

Sono gli stessi esemplari (immaginatevi con quale religiosa emozione li ho svolti!) che Medoro Savini con dedicatoria autografa regalava alla sua gentile e carissima signora Carlotta Nencini, alla sua sposa, alla madre dei suoi figli, al più bel fiore della sua vita che egli colse nella Città dei fiori.

In quella tappa della nostra capitale erano colati parecchi dei cattivi umori politici d'Italia, dalle settembrate sanguinose di Torino al bruciore di Custoza ed alla stizza di Lissa, dalle vendicate congiure dei sergenti furieri al *deprofundis* glorioso di Mentana, dalle bombe della Regia Cointeressata dei tabacchi ai tafferugli del macinato.

Poi a un tratto quei mali umori parvero ristagnare limpidamente accarezzati da una brezza di allegria mondana, onde un luccichìo virtuoso, per dirla col Giusti, di gelatina, che non corre e tremola.

Se quella non era la *pascionu* ridanciana preceduta al quarantotto, si risentiva però un po' di scarica fiaccona granducale.

Era il garbo di Toscana bella, che acclimatava la irsuta musoneria piemontese?

Se lo domanda filosoficamente il mio caro commilitone letterario, Vittorio Turletti, l'antico *Burraschino* del *Fanfulla*, che osservò appartato quel momento caratteristico.

" Era, egli si ridomanda, la reazione alla serietà
" del Governo di Torino? Era il respiro dell'Italia ora-
" mai vicina a toccare la mèta di Roma? Era illusione
" di spiriti giovanili aventi la coscienza di un diritto
" alla felicità dopo tanti sacrificî, o scetticismo pigro
" che si appigliava all'epigramma perchè meno fati-
" roso delle geremiadi? Si rideva forse per non pian-
" gere; ad ogni modo la consegna era di ridere. „

Si elevava il frizzo ad istituzione dello stato, si demoliva un ministro con uno stornello, si minacciava una completa crisi ministeriale a suono di epigrammi. Piaceva il Sella, anche perchè si prestava alla satira pisana di Neri Tanfucio, che lo riteneva capace di estrarre, se fossero stati d'argento, i rebbi all'uomo che aveva ingoiata la forchetta.

Si era contenti dell'ispido Lanza, perchè gli si poteva appioppare l'eterna buffonata, che scrivesse l'Italia col *g*.

Come a Torino il *Fischietto* aveva aiutato la politica cavourriana, il partito moderato dominante a Firenze aveva le vele gonfie dello spirito di *Fanfulla*.

Yorik, Collodi, Tommaso Canella, Scapoli, *Silvius*, il nuovo *Fantasio*, il *Pompiere*, *E. Caro*, ecc., erano giudici del campo, tanto che il Carducci incastrò i *motti del Fanfulla* nella sua giambica ironia.

Burloni spietati contro l'austera grecità di Francesco Dall'Ongaro e contro il cormentalismo adiposo di Cesare Correnti, e più contra deboli e minori, cui travolsero, essi raccoglievano nelle loro gaie spire ed aiutarono a turbinare in alto il patetico romanziere, non dirò per pigliarlo in giro, secondo l'atroce sospetto del critico mio corrispondente, ma più umanamente pensando, per semplice correttivo malinconico e non comprometttente della loro aculeata *risicoltura*. Il fatto sta ed è che il *Fanfulla*, strombettando come un arcangelo di carta dorata, elevava dalle sue appendici il *Lembo di Cielo*.

Certo l'americanismo degli annunzi, il titolo dei romanzi, che parevano di romanze, e l'arco baleno delle copertine, di cui sapeva ridere lo stesso autore nell'Olimpo fanfullesco al vermout di Falchetto sull'angolo di Via Martelli, aiutavano quella curiosa corrispondenza tra il serio ed il faceto.

*
* *

Però io risolutamente affermo, con buona venia del critico amico, che infinitamente più dello spolvero e della voluta burletta, ragioni di merito intrinseco furono quelle determinanti la voga romantica di Medoro Savini.

Anzitutto in quell'ambiente linguaiuolo, dove i custodi del frullone avrebbero dato l'erba cassia o la carta moschicida ad ogni parola non abburattata che non andasse già per lo Mugnone, come Calandrino, in quel periodo di toscanità acuta, che quasi per fare onorevole riscontro alla nuova capitale del regno vi ribadiva il feudo dei vocaboli, traendo seco persino il gran giudizio del Manzoni, e secondo la sparata di un razzente ingegno, pigliava a sassi i cani per registrarne i guaiti in pretto camaldolese, dico fra quei diporti filologici, più del crepitio colorito di Aleardi, più della tuba oraziana dell'abate Zanella, più delle scollacciature di Bicheville, romantizzate da Madame Rattazzi-Solms, doveva fare spicco quel sentimento aeriforme messo in circolazione da Medoro Savini.

" Il sentimento è il riposo del pensiero; „ Egli decretò giustamente in *Ave Maria* (1); e questo mi pare il più esatto programma della sua arte, più di quanto egli disse in capo ad altro romanzo: - Scriviamo il vero. (2)

Nel sentimento, o meglio nelle larve sentimentali sta il secreto del romanziere popolare.

Oh! non è mestieri, che questo romanziere a far colpo torturi la tavolozza per allumacare di striscie argentine le brutture, che già troppo ne offendono nella vita reale. Farà opera più salutare, e la fece certamente Medoro Savini col darci sogni migliori e più nobili della realtà.

Sono i fantasmi che invispiscono ed allenano le lunghe marcie del soldato, sono i genietti che consolano le lunghe sedute delle cucitrice, e che occupano

---

(1) Roma, Stab. Giuseppe Civelli, 1873, vol. II, pag. 120.
(2) *Il Giglio Nero*, vol. I, pag. 52.

genialmente la tabaccaia tra la scelta dei sigari e la pesatura del trinciato e corroborano la fantesca, che per comperare il romanzo falcidierà magari la vettovaglia del romanziere; ebbene, quando il romanziere fornisce conveniente alloggio con bella vista a quei fantasmi e a quei genietti, egli trova la via nel cuore del pubblico; — i suoi personaggi arricchiscono il vocabolario ai carteggi amorosi privati: — e più emozionale del dolce Galeotto che fa peccare Francesca, egli spreme lacrime alle ciglia, illumina i volti del piantoriso, conferisce palpiti, immagini, elevazioni ad Edvige, ad Emma, a Clotilde, a Gabriella, a Natalina, a Zaira, ai più squisiti nomi propri di signorine, che, abbandonato il libro sulle ritmiche ginocchia, affisano gli occhi, stelle confidenti, nel cielo confessore.

Tale è stata la vibrazione di *Tisi di cuore*; un soggetto che si può restringere in quattro righe: Elena sogna fiutando un fiorellino, Giulia amerà, giungendo le mani in atto di mistica preghiera, come esprimono le vignette. Enrico, domandata in isposa Elena, si accorge di amare Giulia e di esserne riamato; non è più in tempo di ritornare indietro; Giulia intisichisce e muore; Enrico si risparmia la vita per pensare a lei; ed Elena trova il contentino di un pirata byroniano.

Ma lo scheletro del romanzo è nulla. Ma tutto è la nuvola di sentimento e di paradossi che lo rimpolpa. C'è anche la nota personale che non manca mai, massime nei primi lavori. Essa per Medoro Savini è il rimpianto delle sconosciute carezze materne. Quindi insuperabile il grido d'amore di Giulia: " ti amo per tua madre che non conoscesti, ma che adoro con tutta l'anima perchè fu tua! „ penetrante la dichiarazione delle pene di Giulia: " Oggi sono malinco-

nica, perchè questa notte non ho sognato mia madre „.
Tutto ciò è persino più potente dei suoi sogni d'amore
cosmico; " È l'alba..... il cielo è ridivenuto puro!
" Come gli augelli risalutano il sole col loro canto
" d'amore! Ma dunque tutto è amore nella creazione?...
" Si ama nella immensità degli spazii, nella profon-
" dità dei mari, nei vasti silenzi della natura? Il
" lamento dell'alcione, lo strido dell'aquila, che si
" tuffa in una nuvola per rinnovellare la vita, è dun-
" que nota di amore?... Oh i miei sogni!... Io veglio
" con voi, non mi abbandonate. „ (1)

Questi sogni d'amore rasentano, od almeno ricor-
dano i sogni del mattino dantesco, quando la ron-
dinella comincia i tristi lai

Forse a memoria dei suoi primi guai

e la mente pellegrina più dalla carne è meno presa
dai pensieri crucciosi.

Queste visioni e confessioni ed attacchi d'amore vincono il più paradossale scetticismo da lui riferito, il quale
scetticismo ha sempre temuto l'amore di una donna
più dell'odio di cento uomini, e non ha mai voluto
distinguere le donne fuorchè pel colore dei capelli;
lo vincono, sia pure con la complicità di un fiore.

Fiori, stelle, ombre, sogni e palpiti, ecco quell'-
arsenale romantico. Spesso i personaggi vaporosi
mostrano lucciconi e vibrano lacrime anche nella voce,
di rado si incontrano lacrime di cose: *Plus quam
lacrimae rerum, sunt lacrimae virorum et potissimum
puellarum.*

I paesaggi scarsi o soppressi. Appena si vede
qualche fiume, al pari dello Xarama, serpeggiare ca-

---

(1) *Tisi di cuore*, Firenze, tip. e lib. Galletti, Romei e C., 1870,
pag. 140.

pricciosamente come una ciarpa d'argento scossa da una bajadera.

Ma v'è ancora qualche cosa di più, che non aggancia soltanto i cuori delle signorine e delle damine, c'è qualche cosa che allaccia pure le ribelli energie dei giovani operai del pensiero sparsi nelle più remote città d'Italia.

È la guerra dichiarata alla vanità inamidata dei bell'imbusti, è l'ira espressa contra *questa odiosa civiltà da gineceo*; è quella processione di diseredati che " passano pel mondo, povere ombre di Rembrandt, a chiedere almeno una patria „; è il dispetto degli stenti ignorati contra la floridezza braccata; è l'intrepido dispregio della forma *arzigogolata*; è la contraddizione di scrivere un libro domandando: " Perchè scriverlo? Non sono già tutti scritti? „ è il sarcasmo politico che definisce Ginevra la Roma protestante, una repubblica di orologiai oscillanti fra il *mummierismo* e il radicalismo; è altresì la congerie spiccata di citazioni straniere, che il Savini aveva ammassate nelle sue peregrinazioni.

Sentitene questo esempio stupefacente in un solo periodo ritrattista: " Confondi nello stesso crogiuolo
" un poco dello spirito di ricerca di Altotas, aggiun-
" givi qualche avventurosa sventatezza alla Fronsac,
" ponvi l'incredulità insolente di Gell, e fa passare
" il tutto attraverso ad una mente e ad un cuore
" che si ostinavano ad intravedere la vita sotto i
" colori *morali* di Mogarth e le tinte nerastre di
" Alberto Durer, così avrai la mia esistenza. „ (1)

Come se ciò non bastasse, segue il corteo di Thomson, che chiama l'azzardo il paggio della for-

---

(1) *Tisi di cuore*, pag. 15.

tuna, e Balzac, e Montepin, Du Camp, e Carlo Dikens, e Camoens e Gilbert, a cui è di grazia accoppiato il nostro Mario Pagano.

Quando Medoro Savini raccoglierà i suoi studi di letteratura specialmente straniera in *Ore Solitarie,* gli toccheranno persino i rimproveri del giovane amico A. G. Cagna per avere in paragone de' forestieri trascurato i grandi nomi, che il lepido Ghislanzoni chiamava *prosaicamente nazionali.*

E pure fu appunto per le correnti aeree della suddetta letteratura internazionale, onde parevano più umanizzati i pensieri e gli affetti, fu per tali correnti che la musa romanzesca di Medoro Savini pescò l'anima del futuro autore di *Lei, Voi, Tu,* di *Provinciali* ed *Alpinisti Ciabattoni,* il quale allora scriveva i primi versi e romanzi sul banco paterno di stipettaio fra i trucioli e poi li scrisse sulle sacca in una agenzia di cereali, adoperando per sabbioncello, dopo la raschiatura del legno, la polvere di riso.

Lo noto soprattutto, come documento del buon cuore di Medoro, questo commercio epistolare, che egli dal suo perielio fiorentino contrasse con il mio fraterno amico vercellese, non solo oscuro allora, ma dilaniato dalla critica scetticamente spiritosa delle *High Life*, e si sarebbe detto da essa voluto ucciderlo come una zanzara; commercio fattosi domestichezza epistolare, che, senza mai averlo veduto, gli continuò da Firenze a Napoli fino a Roma. Si incontrarono nell'aria, mi scrive il Cagna, come due piccioni o farfalloni amorosi, sorvolanti sui rumori mondani. Il buon Guala, deputato della capitale del mio agro vercellese, era stato il parapinfo della amicizia letteraria tra il suo giovane compatriota letterato e non ancora elettore, e il nostro Medoro Savini già troneggiante nel cielo della seconda capitale provvisoria, eterna capitale del bel garbo d'Italia.

Il buon Medoro nell'apoteosi della *Tisi di cuore* diede una prefazione vibrante alle *Serenate* del Cagna, e questi lo ricambiò con coscienziosi soffietti letterari sui giornali vercellesi fra il listino dei cereali e i rendiconti del Consiglio Municipale.

Ebbene, devo confessarvi, che dalla mia inchiesta di impressioni sugli entusiasti sincroni della gloria romantica di Savini, ebbi un risultato sconfortante, che mi affretto ad annunziarvi molto modificato in meglio dalla mia revisione personale.

Interrogati gli ammiratori di una volta, non seppero darmi altre impressioni dei romanzi saviniani, fuorchè di musica senza parole, di nuvole cilestrine o rosee tramontate, di fantasmi verdolini guizzanti o stagnanti, come nel diaframma di un acquario, un *quid* di impalpabile o tutto al più un profumo di boccetta rotta da svenimento.

Invece io ebbi la lena fortunata di trovare in taluni libri di Medoro Savini la più solida costruzione romanzesca, ed in prova voglio condensarvi, ve lo prometto, con rapidità vertiginosa, *Ave Maria* e il *Giglio Nero*.

***

Per me *Ave Maria* è un romanzo completo. Se mai vi fu romanzo propriamente detto, cioè un complesso di ingredienti, che destano l'attenzione, coltivano la curiosità, sollevano il cuore, fanno viaggiare il cervello, questo è desso. È un romanzo pressochè ariostesco. L'autore stesso lo raccolse a Parigi, dove si trovava prima del 59, solitario come un esule e fantasticante come un orientale.

Alla sera, dietro la griglia di un palchetto misterioso, intravede un uomo fatale, che cela dietro di se la sorella, una bellezza pazza. Costei raffigura nell'autore l'amante ammazzatole dal fratello, perciò il romanziere simillimo viene ricercato a lungo invano, infine è trascinato al capezzale della pazza moribonda, come l'ultimo *recipe* di speranza, ma troppo tardi. La pazza si muore, il fratello si suicida e lascia al romanziere il racconto delle proprie avventure straordinarie. Sono da disgradarne Gil Blas.

Walter, alias Edmondo, a Carmen, che è una villa o meglio un castello in Ispagna, viene male allevato e mal tenuto quale figlio dallo zio reazionario marchese di Lama; fugge dalle coartazioni clericali; randagio a Madrid, riceve il sorriso di una Dolores avventuriera da caffè; si intruppa negli zingari, ama e seppellisce una sentimentale gitana, Giralda, incontra il manipolo dei repubblicani schiacciati dal tradimento: fra essi c'è morente il padre suo vero, il marchese di Lama rivoluzionario, che lo lascia erede di milioni e protettore di una sorellina, l'angelica *Ave Maria*. Walter compie anzitutto la vendetta politica paterna, ammazzando a Londra Joses Dias, il traditore della libertà castigliana. Il quadro politico della Spagna sotto Ferdinando VII, ristabilito a volte dalla cacciata e poi dall'intervento dei Francesi, è interessante.

Ma il romantico Walter, alias marchese Edmondo di Lama, riveduta la sua patria sotto la gramola gesuitica, va a riscaldarsi liberamente al sole delle Indie, prende parte valorosa alla spedizione inglese nell'Afganistan. Quivi gli è salva la vita da un commilitone spagnuolo, Alfonso d'Ercillas, figlio di un altro venerando patriota, coeroe di suo padre. Egli alla sua volta salva la vita ad Alfonso nella strage, che gli Afganistani fanno degli Inglesi alle termopili di Bolan, dove li pestano, come in un mortaio, facendo loro rotolare addosso certi macigni da bolgia dantesca. Edmondo ed Alfonso sono due superstiti Eurialo e Niso.

Nella narrazione delle avventure dell'Afganistan Medoro Savini spiega pure le sue attitudini di interpellante parlamentare e articolaio di politica estera.

Reduce dalla spedizione il protagonista impalma la virtuosa e leggiadra orfanella del suo generale inglese, Elvira, e con essa nel ritiro di Alcolea fila il più dolce idillio matrimoniale, preparando eguale idillio alla sua angelica sorella *Ave Maria* e al suo eroico fratello d'armi d'Ercillas, promessi sposi di bellezza e d'amore.

Ma il doppio idillio è guasto dalla vicinanza della duchessa di Moreno, chè tale è divenuta Dolores, la sua prima fiamma da caffè. Questa, che si scopre per giunta sorella della compianta zingara Giralda, cerca di riguadagnarlo, facendogli passare sul volto un bacio, come una striscia di fuoco. Egli resiste, e quella nuova moglie di Putifarre lo investe di bestiale gelosia, condannandolo a trucidare gli innocenti sposi Alfonso ed *Ave Maria*. Indi *requiem aeternam* a tutti i personaggi del romanzo, eccettuata la squarquoia duchessa di Moreno, divenuta Presidentessa del Consiglio a Madrid, ed a cui dispetto l'autore ha pubblicato il giornale di Walter.

⁎
⁎ ⁎

Per mezzo della Spagna l'Italiano Colombo ha scoperto l'America.

Dando a successore d'*Avemaria* il *Giglio Nero*,

Medoro Savini ci trasporta anch'egli dalla Spagna nel nuovo mondo.

Il *Giglio Nero* ristampato dalla reputata tipografia dei successori Lemonnier a Firenze nel 1874 e dedicato alla patriottica e materna memoria di Teresa Valenti-Gonzaga-Arrivabene, riuscì, secondo me, il romanzo più importante di Medoro Savini siccome quello, in cui egli ha fuso le gesta e le visioni della sua vita militare negli stati disuniti d'America per la redenzione degli schiavi.

Il visconte milanese Giorgio Lerviani, rovinato dal gioco, piantato dall'amante marchesa Bianca Valdieri, che ritorna al marito rimpannucciato di una pingue eredità, dico il visconte Giorgio Lerviani sta per giocare ignobilmente la sua intera esistenza, quando lo salva miracolosamente il commendatore (i commendatori in quel tempo erano ancora romantici) Riccardo Landi. Questo ardente patriota era stato l'amante puritano della madre di Giorgio, cui avrebbe voluto sposare, se non gli fosse stata interdetta dai pregiudizii sociali dei parenti.

Per dolori di cuore e di patria, egli era emigrato in America, dove aveva incominciata utilmente la sua carriera di salvatore, liberando dal suicidio e dalla miseria un robusto operaio, Thomas Warton e relativa famigliuola. Ora egli spedisce Giorgio Lerviani, l'orfano della sua casta amante, a rigenerarsi in America, e lo munisce di una speciale commendatizia appunto per Thomas Warton, che già riabilitato dai suoi soccorsi (un trecentomila lire che avevano fatti i figliuoli all'interesse composto) è adesso divenuto uno sfondolato piantatore di cotone e un terribile negriero. Anzi, così terribile negriero, che, perduta la buona moglie Faustina, e rimastagli di lei la sola figliuola Vaninka, una bellezza d'acciaio brunito, valendosi dei suoi diritti padronali aveva avuto un'altra figliuola da una povera negra, da certa Zuma, venduta poi senza cerimonie ad un altro negriero, Anderson, che l'aveva finita a vergate non potendo più trarre il lavoro lucroso, di cui la cattivella era divenuta incapace.

Saida, la figlia naturale di Warton e Zuma, è il giglio nero della convalle di Freemantle. Un giorno il duro Warton e la sua Vaninka, bella come una spada, andando a diporto per le loro vaste possessioni, si imbattono in un fiero schiavo presso la sua *isba* o capanna. — Perchè non sei al lavoro? — gli domanda rudemente il padrone. E lo schiavo Jambo arrogantemente: — Perchè ho da assistere Saida, mia sorella ammalata.

Il padrone lo ammonisce con una scudisciata; lo schiavo gli salta al collo e lo strozzerebbe, se Vaninka non lo pregasse di desistere.

Thomas Warton non è punto riconoscente, che Jambo gli abbia risparmiata la vita, e più superbo dell'autocrate che puniva a morte chi lo avesse toccato anche per salvarlo, convoca secondo il Codice Nero dell'Alabama il tribunale dei piantatori, che condannano l'ebano umano alla morte per flagellazione.

Ma sopravviene l'angelica Vaninka a salvare alla sua volta Jambo, con cui fin dal primo luttuoso incontro ha scambiato sguardi di amorosa fiamma, e ottiene da lui la compagnia sorellevole di Saida.

Giorgio Lerviani si presentò a Freemantle, quando vi regnavano le due bellezze, che erano sorelle senza saperlo, Vaninka, una bellezza armata di rispettabilità, e Saida la creola, un fiore che pareva aprirsi per inebbriare di profumo.

Se io avessi letto in appendice di giornale il *Giglio Nero,* io a questo punto avrei scritta una cartolina all'autore, per pregarlo di far sposare Giorgio a Saida e Jambo a Vàninka. Così la grande equità dell'amore avrebbe sanate le sanguinose ingiustizie di razze, di leggi e di costumi.

Ma Giorgio Lerviani, per un dualismo erotico, che pare ripercosso da *Tisi di cuore,* ama Vaninka e desidera Saida, coglie costei, la deliba; e quando Thomas Warton, riconosciuta in lui la stoffa di un buon genero, ed anche per isdebitarsi col raccomandante benefattore, propone a Giorgio la sua Vaninka, Giorgio accetta di gran cuore la lauta profferta. Saida se ne è già fuggita, e quando sente delle nozze traditrici, il giglio nero sfogato si succide da se. Figuriamoci Jambo già preparato a funzionare da fulmine vendicatore, figuriamocelo come si monta di più per la sciagura irrimediabile della sorella! Leggero e terribile come un'ombra, egli diventa la guida strategica dell'esercito federale antischiavista, e lo conduce nei pressi di Freemantle, quando appunto si celebrano le nozze abborrite. Sempre leggero, duttile e terribile, fantasma di carne, si arrampica come un gatto, ed entra come una nube fosca nella camera nuziale, e vi intenebra come un eclisse di sangue la luna di miele.

Poi solleva gli schiavi: è una ridda di fuoco, che da lui spinta accerchia il casamento di Freemantle.

Warton è ucciso. Paiono morti nel più furibondo duello Jambo e Giorgio; ma sono soltanto tramortiti, ed hanno ancora tempo di morire definitivamente in più larga tragedia, l'uno dell'altro, nella battaglia di

Antietam, per la quale il romanziere invoca parecchie tele di Orazio Vernet.

Vaninka, intatta vedova di Freemantle, diventa un angelo d'espiatrice beneficenza, e il commendatore Riccardo Landi ritorna dall'Europa a benedirla e a fare anche per lei il padre del cuore.

Non è vero che in questi due romanzi c'è tela, c'è ribollimento di fatti? C'è spiccatezza di tipi?

Io vedo l'opera romantica di Medoro Savini, come creazione consistente, essa appaia o sia pure la produzione di una fata boreale connubiatasi in una nuvola caledonica con un ingegno italiano.

Che volete mai? Io a questo punto, adottando una intestazione del Fanfani, sono pronto a dichiarare che il *romanzo italiano c'è stato, c'è, e si muove*, e sono pronto a confessarlo, non solo contraddicendo le gentili che ritengono il romanzo italiano inesistente o lo proclamano illeggibile, ma contraddicendo la stessa autorità letteraria del Carducci, il quale nel 1869 raccomandava all'editore Barbèra: " Bisognerebbe poi " provvedere qualche romanzo per bene. Il romanzo " può far molto, e l'Italia non lo sa fare, pur troppo: " il romanzo nuovo intendo. „ (1)

Sì! io ripeto: il romanzo italiano c'è stato, c'è e si muove, ed a provarlo basterebbe raccoglierne un florilegio cronologico, nel quale entrerebbe per lo meno il *Giglio Nero* di Medoro Savini, non certo le *Rose del Bengala* da lui coltivate a fuochi d'artifizio.

Per produrre cose belle e resistenti, tanto la natura quanto l'arte richiedono assai tempo, e tempo

---

(1) *Ceneri e faville*, vol. I, pag. 72.

diverso si richiede per coagulare il cristallo od il gelato.

La fretta, dice papà Dante, l'onestà dismaga; e manca il tempo a chi per questioni alimentari debba compensare la qualità con la quantità.

Medoro Savini, che in America era concorso a debellare i mercanti dell'ebano umano, trovò in Italia freschi i negrieri delle bianche intelligenze. Non voglio chiamare negrieri tutti gli editori, di cui se alcuni prosperano, altri falliscono: — negriero, diciamolo con quella schiettezza che tenta corrispondere alla serena arguzia mantenuta da Medoro Savini anche nelle amarezze maggiori, il più gran negriero dei letterati in Italia è tuttavia il gran pubblico, Voi eccettuate, gentili signore e signorine, Voi eccettuati, amici e signori cortesi, che con la vostra presenza avete dimostrato tanto interesse letterario. Si può disserire come il nostro Bonghi, perchè la letteratura non sia popolare in Italia; si possono sviscerare le qualità e i difetti organici, per cui il nostro è il popolo meno leggitore del mondo; se ne possono contare le trentadue ragioni, fra cui non ultima lo *stock* di analfabeti, si può sferzare il vizio signorile di chiedere libri in prestito, anzichè comprarli. Ma dopo tutto non hanno ancora perso il valore di attualità quei versi del Giusti, secondo cui l'ingegno, specialmente letterario

> è l'asino d'un pubblico insolente
> che mai lo pasce e sempre lo cavalca.

Un giorno Medoro Savini dal centro della sua voga romanzesca faceva partire questo pistolotto diretto al suo giovane amico vercellese, che scriveva versi e prose, traendo il pane e il companatico dalla

senseria dei cereali: " Non potete voi trovarmi un
" posto da scribacchino, da copista, magari da com-
" messo nel vostro commercio? Purchè si possa gua-
" dagnare il pane quotidiano, ci sto. „

Ma i posti nelle agenzie di cereali sono rari e difficili massimamente per i poeti, e Medoro Savini, quasi a sfida rimuneratrice contrasse col pubblico l'impegno di lanciare un romanzo nuovo di centocinquanta pagine ogni mese. Fu la periodicità mensuale di quei volumi della fodera rossa, che noi con irriverenza giovanile chiamammo lunazione saviniana.

Ed egli mantenne l'impegno forse superando la prodezza del Goldoni per le sedici commedie.

In quella serie mensile ci basti notare *Rose del Bengala*, un romanzo, il cui antefatto occupa tanto spazio da lasciare a poche pagine di finale senza interlinee lo svolgimento e la chiusa. Nomi turchi, russi, boemi, polacchi, bislacchi, per accrescere il fascino romanzesco. Una signora Zulema Anderwal è la rosa del Bengala, rosa stupenda di bellezza, ma senza profumo ed intrisa di micidialissimo veleno. Per vendicarsi del conte Miniesk, che ha dissuaso Casimiro Ravask dallo sposarla, ordisce un intrigo d'inferno; mette daccanto alla moglie del conte un Armando Rivalta, che ne è entusiasta; così, se non può far torcere le fusa al conte per la santità inespugnabile della sua contessa Iva, per lo meno caccia tale rovello tra amante e marito, che questi finisce per ammazzare colui quasi contento di farsi ammazzare. E la *Rosa del Bengala* spampana i suoi letali colori senza profumo. È un carattere non dissimile dalla duchessa di Moreno in *Ave Maria*, ma campato in aria con la noncuranza leggiera di un fumo di sigaretta.

E con la stessa velocità aerea avanti musica; si

tocca la molla dell'organino, si sposta il cilindro; e si sentono successivamente le nuove sonate o ballate romantiche: — *Figlia di Re, Luisella, Aurore boreali, Fantasmi, Fanciulle, Fiorenza, Velleda, Un giorno di sole, Un dramma in mare, Stelle cadenti, Angelo Custode,* ecc.

Il Lunghini attesta che il nostro Medoro non impiegava più di 36 ore per ciascun romanzo della serie. Si favoleggiò pure di un romanzo misterioso strozzato in modo da lasciare al benigno lettore la spiegazione del mistero. Si favoleggiò per altra parte di un romanzo così lungo da diventare, come l'infinito, termine di paragone e da obbligare il direttore del giornale ad ordinare ad uno scrivano della redazione l'uccisione immediata di tutti i personaggi. Ad ogni modo egli lanciava la macchina del suo ingegno letterario a tutta pressione, a tutto vapore. Ciò, osserva il mio interrogato ed interrogativo Turletti, lo portò alla gloria, o alla fortuna letteraria?

No! lo portò alla Camera dei Deputati.

Qui, anche se non fossimo già ad un'oraccia di conferenza, ci troviamo troppo vicini e sazii di Montecitorio per poterci distendere sopra una storia parlamentare anche troppo recente.

Conchiuderemo solo, consolandoci che non è poi bassa questa Italia elettorale, che elegge in più comizii successivi o contemporanei, da Tolentino a Macerata e alla nativa Piacenza, per quattro legislature ossiano per circa dodici anni, un ricco di ingegno e di cuore, ma povero di borsa, come Medoro Savini; il quale esordiva notando, che se l'on. Depretis, quale ministro delle Finanze aveva potuto chiamarsi il capo degli esattori, egli non poteva certo farsi passare per il capo dei contribuenti. Pur egli, fra le necrologie patriottiche e le volate di politica estera, a cui hanno facile mano i giornalisti, patrocinò specialmente i miseri contribuenti, nella cui difesa sta davvero molta parte del socialismo pratico.

È nota la sua campagna per abolire le quote minime della imposta fondiaria.

Quella forma artistica, che parve insufficiente nei suoi romanzi, lo rimbellisce e gli ridonda nella oratoria parlamentare, che spicca per intelligenza di cuore unita ad arguzia. " Se vogliamo, esclamò una volta, che gli italiani siano conservatori, lasciamo loro qualche cosa da conservare. "

Nel rileggere i suoi discorsi, pare sopratutto di riavere la sensazione di quei versi di Dante sul secondo balzo del Purgatorio:

> E verso noi volar fur sentiti
> Non però visti, spiriti, parlando
> Alla mensa d'amor cortesi inviti.
>   La prima voce che passò volando
> *Vinum non habent*, altamente disse,
> E dietro noi l'andò reiterando.

Et non habent panem. Quindi date pane agli affamati, non limatelo col macinato; date soprattutto il lavoro che procura il pane onorato. " Ogni colpo di zappa, che il Ministro farà dare, rappresenterà un tozzo di pane per della povera gente. „ Si possono immaginare parole semplici di verità più santa?

Egli, come ben disse il Lunghini, aveva l'innata insofferenza di tutte le miserie umane; era l'intiero socialista pratico, che non lascia nessun dolore conosciuto, senza tentare di alleviarlo; da ciò eziandio le sue perorazioni per gli ufficiali maritati senza permesso, e quelle per i sudditi italiani maltrattati e privati anche della moglie all'estero, ecc.

Ma l'uomo di cuore, che voleva un' Italia buona e misericorde, reclamava poi da vecchio patriota un' Italia forte, che non lasciasse il Mediterraneo lago straniero; e volentieri si accostava ai caporioni storici, che erano passati più battaglieri nel romanzo del nostro risorgimento: a Cairoli, a Crispi, a Nicotera.

Una volta sostenne con un opuscolo l'eroe di Sapri; e poco mancò che un giambo lo denunziasse Macchiavello di Nicotera Borgia.

Mi pare ancora di vederlo il buon Macchiavello della stampa quotidiana con la fronte pensosa appoggiata alla palma della mano ritto ascoltare quel brenzo di petto cesareo, che erompea in un'originale, non studiata eloquenza, ravvicinata perfino topograficamente dal primo banco dell'estrema sinistra quasi all'immagine del Circo. Parevami, che sulla fronte bianca e concitata dell'ascoltatore si disegnasse col compasso della mente la simmetria storica, per cui l barone di Sapri sta fra i fratelli Bandiera e Garibaldi. E Nicotera, cercandolo collo sguardo, covava negli occhi una carezza di sirena ammaliatrice, mentre scagliava la parola gladiatoria.

Fiato buttato alla Camera, mano stanca sul formicaio delle cartelline, cui divora l'insaziabile proto.

Il valentuomo si consumava. Oramai di lui si sentiva soltanto la stretta della mano febbrile negli ambulatori della Camera. (1)

---

(1) Una satirica fantasia spietatamente immaginava, che in un cataclisma politico destinato a far saltare in aria tutte le autorità e rappresentanze costituite, insieme con la barba eroica e gli scarponi alpini di Quintino Sella e insieme con altre reliquie personali balzasse in alto il polmone di Medoro Savini.

Il valentuomo si consumava inesorabilmente, e il 21 febbraio 1888 egli spirava abbandonando la mano nella mano della sua degna consorte, mentre il proto del *Roma* andava componendo l'ultimo articolo, che egli invalido di vergare, aveva poco prima dettato alla sua fida compagna. (1)

Molto ci accorgiamo dei galantuomini perduti. Furono imponenti le onoranze funebri, cui riecheggiavano a Montecitorio il presidente della Camera Biancheri, il presidente del Consiglio Crispi e i colleghi Lazzaro, Luzi, Calciati e Cavallotti. Biancheri verificava giustamente in lui " quel carattere nazionale, che si rivela colle disparate attitudini letterarie, politiche, militari, accoppiate ad un tempo ad ogni virtù cittadina. „ Lazzaro lodava la nota del patriottismo prevalente in lui, che teneva la stampa periodica per missione ed apostolato; Luzi ne lodava l'amicizia; Calciati coi familiari e patriottici ricordi piacentini le opere caritatevoli, Cavallotti le pagine affrettate ma potenti, constatando come " in questa Italia, nella vita politica, si serve ancora combattendo per gli ideali e sulla breccia del lavoro si muore poveri ancora. „

L'on. Crispi preannunziava una provvisione dello Stato per l'orfano fino alla maggiore età, provvisione a cui concorreva pure fino all'anno scorso il giornale " *Roma* „ di Napoli con l'on. Lazzaro, segno del buon cuore giornalista!

Otto mesi dopo, l'elettorale città di Macerata, l'Atene delle Marche, a cui Medoro Savini era stato fedele anche in seguito all'elezione della natia Piacenza, gli dedicava una solenne commemorazione nel Teatro

---

(1) *Discorso del Deputato Lunghini*, Macerata, Stab. tip. Bianchini, 1888, pag. 35.

Lauro Rossi con il citato discorso del deputato Lunghini, che io presi a fondamento del mio, e con il busto dell'onorato, pregiata opera dello scultore maceratese Gualtiero Mancini.

Ora l'immagine di Lui, modellata ed espressa vivamente nel bronzo dal reputato artista genovese Giulianotti, ritorna fra noi, e prende possesso in questa sede centrale della stampa italiana; ci ritorna davanti quella meteora letteraria, che ci diede nei suoi bagliori il romanzo del cuore umano e della patria; ritorna a significarci l'onda di pensieri e di affetti, di cui si compone la vita di noi giornalisti, marea che al pari dello spirito pubblico, cui guida o seconda, non cessa mai, anche allorquando pare svanire come spuma di trina sulla terra, o sparire come brillo di sole nel cielo.

Quest'immagine di un valentuomo, che morì meritando gli aggettivi di povero e onesto adoperati nei vergini racconti dei fanciulli, e che dopo aver peregrinato tanto combattendo e soffrendo, non lasciò mai soverchiare l'amore e le convinzioni dall'ironia delle cose vedute, sembra che ci riporti massimamente dall'esemplare *Tisi di cuore* il motto di Michelet così sano nei tristi odii sociali e politici dei giorni presenti: — Se ci amassimo, come saremmo felici!

FINE.

Printed by Libri Plureos GmbH in Hamburg, Germany